Karl Güntherode

Der Bart - eine wahre Geschichte aus dem Reiche der Lebendigen

Karl Güntherode

Der Bart - eine wahre Geschichte aus dem Reiche der Lebendigen

ISBN/EAN: 9783743621305

Hergestellt in Europa, USA, Kanada, Australien, Japan

Cover: Foto ©ninafisch / pixelio.de

Manufactured and distributed by brebook publishing software
(www.brebook.com)

Karl Güntherode

Der Bart - eine wahre Geschichte aus dem Reiche der Lebendigen

Der Bart.

Eine wahre Geschichte

aus

dem Reiche der Lebendigen,

Mit Originalbeylagen.

1785.

Modica faepe fcintilla magnum excitavit incendium.

Ein kleiner Funken hat oft eine grosse Brunst er-
wecket.

Vorrede an den Leser.

Zu Insbruck, in Tyrol, giebt es so
gewisse Leute, die nicht zwar für die
geheiligte Religion selbst, sondern für Ne=
bendinge, die nicht einmal zur Religion ge=
hören, so entsetzlich eifern, daß sie bersten
möchten. Anderer Beyspiele zugeschwei=
gen, ist ein einzelnes genug, den niedlichen
Geschmack dieser Stadt einer aufgeklärten
Welt bekannt zu machen.

Karl

Karl Güntherod, ein Sohn Heinrichs Freyherrn von Güntherod, zu Groitz ꝛc. k. k. Lehrer der Kirchengeschichte auf der hohen Schule zu Insbruck, seiner Profession aber ein gebarteter Servit, verließ im Jahr 1781 auf eine Zeit diese schnöde Tyroler Welt, und reißte nach Wien, um das Vergnügen zu haben, den erhabensten Monarchen unter seinem Volke zu sehen. Auf der Reise lies er sich zu Engelhardtszell, o könnte ich es verschweigen! den Bart abscheeren, theils um sich von dieser Hauptmaut zu versorgen, theils das Schiff, welches sehr beladen war, zu erleichtern, und in Wien bey so reinlichen Menschen mit einer gewissen Anständigkeit zu erscheinen, und nicht für einen Juden angesehen zu werden. Der Ruf dieser greulichen That erschallte kaum in Insbruck, so beschäftigte sich fast die ganze Stadt mit einem andächtigen Bartdiskurs .... Schwarze Herren sagten rechtschaffenen Leuten ins Ohr: „Lieber Gott! Lieber Gott! haben Sie „nichts gehört? Der Professor Günthe-
„rod

„rod hat sich den Bart, einige wollen sa=
„gen in Hall, die andern zu Linz, die drit=
„ten in Wien, abscheeren laſſen: das iſt
„ja was ganz entſetzliches! was ſpektaku=
„löſes! ⸗⸗⸗⸗ zu dem ſoll er ſein heiliges
„Skapulir, welches im Jahr 1239 vom
„Himmel gefallen, nicht mehr dem Wind,
„Regen und übeln Zeug blos geben, ſon=
„dern es nur ſo verdeckt unter einem Ka=
„put herum tragen. Sehen Sie nur,
„das Ding geht nicht: er hat ja keinen
„Menſchen, dem er ſagen könnte, der mit
„dem ſchwarzen, oder der mit dem weiſſen
„Bart hat es ihm erlaubt .... das Ding
„geht nicht“ .... So gieng die Rede von
Mund zu Mund, von Weib zu Weib,
von Haus zu Haus, und die ganze Stadt
bezeichnete ſich mit dem heiligen Kreuz,
wenn vom Profeſſor Güntherod die Rede
war. Gewiſſe Betbrüder, die mit ſoge=
nannten Tarfüſſen das Ceremoniel unſe=
rer Religion unterſtützen, gewiſſe Bet=
ſchweſtern, für welche die katholiſche Kir=
che nicht umſonſt ein tägliches Gebet zu

Gott

Gott schickt, waren, wie in' allen Stücken,
also auch in diesem die Aergsten. „Pumps,
„hieß es wiederum, verzeih mirs Gott!
„es ist halt wirklich wahr: meine Frau
„Gevatterin, die sich eher hundertmal v....
„ließ, als das sie eine Lüg thäte, hat mirs
„erst gestern gesagt, sie hab ihn in Linz
„gesehen ohne Bart. .... Indessen erscheint der Professor ganz glücklich und an-
ständig in Wien, verrichtet allda seine Ge-
schäfte, und kehrt wiederum, das versteht
sich von selbst, ohne Bart nach Hause zu-
rück. Der Bruder, der ihm die Kloster-
pforte aufsperrte, schrie über laut: je, je,
kein Bart! Der Professor gab ihm zur
Antwort: Anpumpft! ich hab ihn im
Sack: und in der That hat er ihn von
Wien im Sack herauf gebracht. Sein
P. Prior Guilielmus Rossi, ein grund-
ehrlicher Mann, lachte zum ganzen Spas:
ja, sagte er, „ich wollte wir thäten den
„Bart alle weg, ich wäre gewiß der erste
„dabey:" und der Professor sagte, „ich
„gewiß auch nicht mehr der Letzte" .... die
übrigen

übrigen Mitbrüder sagten gar nichts dazu; doch einige, welche besonders nach dem Essen ins Gewicht gehen, machten so gewisse Mienen, die ein rechtschaffener Maler nur bey Abzeichnung der Xantippe anbringen würde. Das Feuer christlicher Liebe funkelte ihnen aus den Augen, wie manchmal ein Peruckenstock zum Fenster herausblickt. Diese guten Leute gaben sich die Mühe, in der Stadt mit niedergeschlagenen Augen herumzulaufen, um wider den Professor Beweisthümer zu sammlen: sie fragten in Aloysensminen, ob die Leute wider ihn nicht etwas Unanständiges, welches den guten Namen eines Menschen unsterblich machen kann, vorzubringen hätten? Der P. Provinzial gieng noch um ein paar Schritte weiter: ganz ergrimmt, daß der Lehrer der Kirchengeschichte nun nicht mehr einem Geisbock, sondern ehrlichen Menschen gleiche, ließ seinen elenden Stimmstock in submissesten Ausdrücken bis zum Bischof zu Brixen gelangen. Der Bischof, aus der

Fa-

Familie der Grafen von Spaur, wollte
just wegen einem Bart nicht einen Synod
zusammen rufen; noch minder die Sache
an den Metropolitan nach Salzburg gelangen lassen, sondern begnügte sich mit einem väterlichen Ermahnungsschreiben, welches er dem Professor zuschickte, welcher
dadurch in die Ungelegenheit verfiel, eine
Verantwortungsschrift aufzusetzen, und
dem verehrungswürdigsten Bischof zu über-
schicken. Nun, lieber Leser! ersiehst du die
ganze Geschichte eines Barts. Das ganze Zeug ist in dieser Piece. Erstlich die
Briefe, die er von seinen guten Freunden
in Betref des Barts empfangen; zweytens
der Hirtenbrief des Bischofs; drittens die
Verantwortungsschrift des Professors, und
viertens die Entscheidung der k. k. Reli-
gionskommission in Wien. Gefällt dir diese
Schrift, so läßt dich der Autor recht inständig
bitten, du sollest nur nicht auch schreien:
Lieber Gott, lieber Gott! itzt werden
wir alle lutherisch.

Ollmütz, den 12. Nov. 1781.

Bester Freund.

So ists, wegen einem Bart so ein entsetzliches Getöß! und zwar in Insbruck, in einer Resi= denzstadt! Dies laß ich mir einen aufgeklärten Ort seyn! ....

Dem schönen Frauengeschlecht verzeihe ich es ganz gerne, weil ihnen der Bart wohl zustat= ten kömmt .... aber auf Männer, die da gleichgül= tig und vernünftig denken sollten, ärgere ich mich. Doch wer kann wohl für Religionsunsinn, der die tyrolerischen Gegenden um und um umnebelt! So lang Heuchlereifer und nichtsbedeutende Nebendinge für lautere Religionsgründe unter= schoben werden, und dumme Gecken Herzen um= hüllen, so lang wird sich die Religion niemals wider den Aberglauben zur Herrscherin schwin= gen. Warum soll man sich mit Vorurtheilen,

A 5   die

die aus Mönchen auswurzeln, abgeben? Genug, ein öffentlicher Lehrer erscheint auf seinem Katheder mit grösserer Anänbigkeit ohne Bart, als mit dem Bart, welchen bey jetziger Zeit nur die Gefangenen und zum Tod Verurtheilte tragen müssen. Wundern Sie sich aber nicht, bester Freund! über den Religionsunsinn in Insbruck .... sie zählen allda etwa 50 fette Franzens Seraphinen, die in starken breiten Schultern, wie ein Tokanaballen auf den Gassen hin und her wackeln, alle in dem Gelübbe des weiblichen Jutters, und dies ist genug geredet. ....
Auch hier mußte ich mich Ihres Barts wegen zanken; ich war aber mit diesem Religionsknechte bald fertig: tragen Sie, Monsieur, sagte ich, den Bart anstatt des Herrn Professor, so können Sie jeden Geisbock Herr Kollega nennen. Adieu. Ich ersterbe für Gram gegen den Religionsunsinn

Ihr

Getreuer.

Hall

Hall, in Tyrol, den 15. Nov. 1781.

Daß du den ellenlangen Bart abgelegt, ist für mich und die ganze ehrliche Welt ein wahres Vergnügen. Die bartigten Kapuziner und Serviten mögen dazu sagen, was sie wollen, sie sind doch nicht gescheider, als alle übrige Geistliche und Weltmänner, die den Bart scheeren lassen. Der Bart ist ein gräußliches Exkrement, und eine wahre Ungelegenheit bey allen menschlichen Handlungen, mithin hat man keine Ursache selben zutragen, wohl aber abzulegen. Dem ungeachtet kann ich dir nicht sagen, was man wegen dem Saubart für eine Metten hier schlägt, als ob die Engländer eine Seeschlacht verloren hätten.... Wenn der heilige Peregrin in der Rossau sich den Bart hätte abnehmen lassen, könnte keine grössere Komödie seyn .... Ja, wenn du dir die Nase hättest abnehmen lassen, so würde nicht viel grösserer Lermen seyn .... also halt immer Lermen .... ich bin recht müd, was man hier in Hall täglich (täglich, sagt der Tyroler) wegen dem Abschnitt des Barts von dir erzählt. Ich

sagte

sagte gestern einem Herrn, der mir wiederum von dem Sch....bart erzählte, Leipzig und Amsterdam *). Nein, nicht in Leipzig, widersetzte er, sondern zu Wien hat er sich den Bart abnehmen lassen. Aber für Sie, sagte ich, Leipzig und Amsterdam. Er sah mich an, und sagte: ich weis nicht, was Sie wollen .... Aber ich weis es schon Monsieur! Leben Sie wohl und geben Sie mir die Ehre auf den Kirchtag.

*) L. und A. heißt zu deutsch so viel als Leck .... A.

Prag,

Prag, den 22. Nov. 1781.

Verehrungswürdiger Freund!

Ich danke Ihnen aus ganzer Seele, vereh=
rungswürdiger Freund! für das schöne Buch,
und besonders für Ihren schnakigten Brief *),

ich

*) Der Brief war folgender:

Heil Dir, Kaiser Joseph: nun giebt
es auch ein Ius Canonicum Practicum.
Durch allerhöchste Hofresolution sind die
Mauerbacher und alle Karteuser aus ihren
Angeln gehoben: Ihre Güter werden der
k. k. Kammer, aus welcher sie ehmals ent=
wischt, wiederum einverleibt, und diesen
geistlichen Tagdieben eine Pension ge=
schöpft, mit welcher sie zwar leben, doch
aber nicht speckfett werden sollen. Jene,
welche glauben, sie können nicht leben,
ausser sie seyn eingekerkert, haben die Er=
laubniß, ausser Land einen ihnen beliebi=
gen Kerker aufzusuchen. Ueberdies gab
der Monarch der Hofkanzley den Befehl,
Ihm einen Vorschlag zu machen, wie man
den Staat von jenen Klöstern reinigen
könne,

14

ich las ihn dreymal; aber eines ärgert mich
darinn, daß Sie Ihren schönen Bart abgeschaft
haben.

könne, die sich weder mit der Seelsorge,
weder mit dem Unterricht der Jugend,
weder mit Wartung der Kranken abgeben.
Von den buntscheckigen Klosterfrauen ha=
ben keine andere zu verbleiben, als die Ur=
sulinerinnen und Elisabethinerinnen, die
andern wandeln den Weg, den ihnen die
Jesuiten gebahnt haben. Unsere heiligen
Masquen werden nun auf eine geringe
Zahl gesetzt; denn der Kaiser will keine
Leute, die in zeitlichen Dingen müssig her=
umgehen, und jenen Leuten, die im
Schweiße ihres Angesichts das Brod essen,
von ihnen aber böse Welt genennt wer=
den, zur Last sind. Diese nun, welche
zu verbleiben haben, werden Ehre und
Hochachtung überkommen, weil sie zur
Erhaltung des Staats etwas beytragen.

Sie können sich vorstellen, bester Freund,
was für ein Aufsehen diese Zeitung in Ty=
rol macht, wo noch der Brauch herrscht,
daß speckfette Mönche (ich lüg nicht,
wenn ich sage, manche haben auf dem
Nacken

haben. Nemo eſt membrorum ſuorum Domi-
nus. Wiſſen Sie nicht was **Baldus** lehret
in

Nacken vier Finger hoch Speck) zu den
Hausleuten: Herr Vater und Frau
Mutter ſagen; wo die lieben Leute, die
faſt ſelber kaum leben können, noch den
letzten Pfenning als geiſtliches Allmoſen,
um Glück und Segen zu überkommen, ei=
nem aufgedunſenen Mönch hingeben,
und ſelber mit funkelnden Augen, die von
St. Johannesſegen einen beſondern Luſter
haben, zur Erkenntlichkeit entgegenraſ=
ſelt: Frau Mutter, es wird ihnen
zehenfach erſetzt werden. Ja, ja, und
wenn es auch hundertmal erſetzt würde,
dachte ich, ſo holen es die Herren auch
hundertmal von der Naſe wiederum weg.
Denken Sie ſich alſo, was das in unſerm
Lande für Aufſehen macht, wo die Men=
ſchen äuſſerlich wie die Engel, und inn=
wendig wie die Mönche ſelbſt ſind. Alte
Weiber und Bigoten weinen, Mönchs=
freunde ſagen, es komm der jüngſte Ge=
richtstag. Lieber Gott, lieber Gott,
heißt es, itzt wird die ganze Welt lu=
theriſch! Schier gar hätte ich geſagt,
wollte Gott! ſo hätten dieſe Leute wenig=
ſtens

in S. Reus C. de acuf. n. 6. Barbam in homine
membrum effe, et propterea incidentem, et invo-
lantem in Barbam teneri paena eadem, qua ple-
ctendus eft, qui membrum abfcidit, tefte Menoch.
de Arbit. Iud. cert. 4. caf. 392. n. 32. Lefen
Sie den Horaz Lib. 2. Sat. 3. fo finden Sie die
Ehrfurcht, die er für feinen gelehrten Bart
getragen:

Defcripfi docilis praecepta haec tempore, quo me
Salutus iuffit, fapientem pafcere barbam.

Ich habe es von allen vier Welttheilen gehört,
daß Sie fich den Bart haben abfchneiden laffen,
und rufte fogleich mit dem Martial auf:

Unus

ftens eine Religion; fo aber haben fie
auffer dem Händezufammenhalten, Herz=
flopfen und gleisnerifchen Augenzubrucken,
faft gar keine. Bey meiner Ehre, fo wie
diefe Leute, fchämte ich mich ein Chrift zu
feyn. Dank dem chriftlichen Jofeph, der
die alte Kirche wiederum auffftellt, und
aus uns wackere Chriften macht.

Nun leben Sie wohl, befter Freund,
und laffen Sie mich die Früchte wahrer
Freundfchaft genieffen.

Unus de toto peccaverit orbe comarum
Ierufalem, Ierfualem convertere ad Dominum!

Ich hoffe von Ihnen das Beſſere. Ich weiß,
daß die Aſcetik Ihre Hauptbeſchäftigung ſey:
Sie haben geleſen: Sunt qui ſeipſos caſtrave-
runt propter regnum coelorum. Origenes
hat freylich gefehlt, daß er dieſe Stelle im
buchſtäblichen Verſtand genommen: er war
ein junger Schulmeiſter, der ſeines Eifers nicht
Meiſter war. Sie, beſter Freund, haben ein
weit vernünftigeres Opfer gethan, daß Sie die
Handlung des Origenes an dem Kinnbacken
unternommen. Ich belobe Sie wegen dieſer
That. Ihr Bart, wie überhaupt alle andere,
wäre vielen zum Aergerniß, und was Aergerniß
giebt, muß abgethan werden. So gar das
Aug, der koſtbarſte Theil des menſchlichen
Körpers, ſo fern es Aergerniß giebt, ſoll her=
ausgeriſſen werden; um wie viel mehr der
Bart? Warlich, ein Beweis, den die Philo=
ſophen a minori ad maius nennen.

B   Wenn

Wenn Sie wollen, will ich ein Pane=
gyr machen, über den Triumph des Barts:
ich hoffe aber ja nicht, daß Sie mit dem Ab=
schnitt des Barts Gott haben versuchen wol=
len, in Meynung, er werde ihnen über
Nacht einen andern wachsen lassen, wie
man von dem heiligen Nikolaus ganz erbau=
lich liest.

Die Zeitung, die Sie mir von den
Karthäusern überschrieben, ist nicht nach mei=
nem Geschmack. Man hätte sie nicht sollen
aus ihrem Grab stören, sondern dem Henker
zum Ausweiden überlassen; der arme Teu=
fel wird völlig broblos, wenn man ihm keine
Arbeit zukommen läßt; mit dieser geistlichen
Ausweidung aber hätte er sich können erho=
len. Lassen Sie mich einen kleinen Ueber=
schlag machen. 40 Karthäuser, 30 Mauer=
bacher wägen doch mindestens nach Abschlag
der dicken Knochen 80 Zentner, sage achzig.
Die Haut könnte man zu Schreibtafeln brau=
chen, und das Kranium in die Apotheken ge=

ben

ben, es ist ein Diaphoretikum. Der arme
Teufel könnte doch 4 Jahr kommod leben,
wenn ich nur das Pfund Fett 4 Fl. und
eine Haut 7 Fl. das Kranium aber, weil es
bey den Religiosen, besonders bey Fetten,
der schlechteste Theil ist, nur 4 Groschen an=
setzte. Wenn man aber die geweihte Wam=
pen anstatt des abgeschaften Damsdiger Pul=
ver austheilte, so machte sich der Kerl Geld
zum Beneiden. Ueberdies bilden Sie sich
ein, bester Freund! wie viel St. Johannes=
segen, und christlicher Weinstein in diesem
Vorrath stecke. Ich bin ganz überzeugt,
daß wenn sie recht fleissig exenterirt würden,
man gewiß so viel geistliche Gamskugeln in
diesen Körpern finden würde, daß wir ein
Schiff könnten nach Paraguay befrachten,
und ein Negotium machen, das uns mehr
als 100 pro Cent eintrüge.

Jetzt muß ich den Brief schlüssen, weil
ich noch einen andern an eine Klosterfrau
schreiben muß, da ich eben Gelegenheit habe,

ihn

ihn frey fortzubringen; denn es liegt die Se=
ligkeit einer Klosterfrau daran, wenn sie ei=
nen Kreuzer Postgeld zahlen muß, der in der
heiligen Regel nicht besonders ausgesetzt ist.
Mithin nur geschwind adieu.

Wir

Wir Joseph von Gottes Gnaden Bischoff, und des H. R. R. Fürst zu Brixen ꝛc.

Es ist uns eben so zuverläſſig als mißfällig zu vernehmen gekommen, daß Pater Güntherod, des Servitenordens, und öffentlicher Lehrer der Kirchengeſchichte bey der Univerſität zu Insbruck den höchſtſträflichen, und wider die feyerliche Ordensgelübde laufenden Schritt gewaget, ſich ohne vorläufige Anfrage, oder erhaltene Erlaubniß ſeiner Ordensobern ganz eigenmächtig von ſeinem Kloſter zu entfernen, eine Reiſe nach Wien vorzunehmen, das Ordenskleid zu verändern, den Bart abſcheeren zu laſſen, und mehr andern

B 3   nieder=

niederträchtigen Ausschweifungen sich zu überlassen. Die zuverläßige Hofnung seiner eigenen Ueberzeugung solchen Unfugs machet, daß wir dermal nur die mildväterliche Ermahnung an ihn dahin erlassen, daß er sein Betragen überhaupt auf eine seinem Stande angemessene, und den Regeln seines Ordens gleichförmige Art einzurichten, um so mehr künftighin den schuldigen Bedacht nehmen solle, als uns von einer ihm gegen die ihn allerdings verbindende Ordensregeln rechtmäßig zu Theil gewordenen Dispens nicht das mindeste bekannt ist, und wir auf den nicht erwartenden Fall, daß er durch widrige Vorgänge zu Anstößigkeiten Anlaß geben, oder dem, seinen rechtmäßigen Ordensobern verlobten Gehorsam entsagen würde, gegen ihn dasjenige, was die Ordnung mit sich bringet, und wozu wir uns durch das bischöfliche Amt berechtiget befinden, ohne weiters zu veranlassen uns bemüssiget sehen würden: welches sohin ihm zu seiner Warn- und Besserung unverhalten lassen. Gegeben in Unserer

serer Residenzstadt zu Brixen, den 22. Wintermonats 1781.

Joseph, Bischof.

(L. S.)

Ad Mandatum Celſmi
et Rdm. Dni Dni Eppi
S. R. I. Principis Brix.
pprium.

Johann Baptiſt Pirchſtaller.

Secret. mpp.

———————————

Hoch-

Hochwürdigst = Hochgeborner des H. R.
R. Fürst und Bischof,

Gnädigster Herr, Herr ꝛc. ꝛc.

Eben da ich zu Werke gehen wollte, meine
Verantwortung mit jener Ehrfurcht, wie es
sich einem gehorsamen Diözesan gegen seinen
Oberhirten ziemt, aufzusetzen, wurde ich von
einem Rheumatismus, der in einen Ausschlag
ausgebrochen, zu Bette geworfen. Izt da
ich mich kaum in etwas erholt, verwende ich
mich ganz meiner Obliegenheit.

Ich habe Euer Hochfürstl. Gnaden
Dekret vom 22. des vorigen Monats em=
pfangen; und ob ich schon aus selbem deut=
lich genug sehen konnte, wie sehr man mich
bey einem sonst gütigsten Bischof, um dessen
Gnade und Wohlgefallen ich allzeit eiferte,
ver=

verleumdet hat, so hat es mich eines Theils doch darum gefreut, daß ich es nun nicht mehr mit meinen Verfolgern auszumachen, sondern mit dem liebreichsten Vater, mit dem aufgeklärtesten Bischof unserer Monarchie zu thun habe, der ohne Leidenschaft, ohne Rücksicht auf Personen, die Wahrheit allein sucht. Diesem nun mich zu verantworten, ist es leicht.

Euer Hochfürstl. Gnaden werden sich vor allem zu erinnern belieben, daß ich von jeher, der Gegenstand des Hasses einiger Ordensbrüder war, und daß schon vor Antritt meines öffentlichen Lehramts der allerhöchste Hof durch ein eigenes Dekret dem hiesigen k. k. Landesgubernio auftrug, mich wider offenbare Verfolgungen zu schützen. Mein Charakter eines öffentlichen Lehrers, der ich nachher wurde, schützte mich zwar vor öffentlichen Beleidigungen, nie aber vor einheimischen Neckereyen. Ich beklagte mich öfters bey meinen Obern, bat um Abänderung,

B 5 um

um Erleichterung. Aber allzeit umsonst.
(Beyl. 1.) *) Jezt, da wir das Glück ha=
ben, daß uns unser unsterbliche Monarch wie=
der unserem rechtmäßigen Hirten zurückgestellt
hat, izt kommen eben diese Leute, die sonst
das Ansehen der Bischöfe mit Füssen treten,
und wollen sich Euer Hochfürstl. Gnaden
und Bischofs als eines Werkzeugs bedienen,
mich noch unglücklicher zu machen, und kla=
gen mich an:

1) Ich hätte mich ohne Anfrage und
erhaltene Erlaubniß meiner Ordensobern aus
dem Kloster entfernt, und nach Wien bege=
ben. ....

Vermög eines k. k. Hofdekrets vom 18.
Nov. 1780, darf kein öffentlicher Lehrer
aus Hoflager ohne Erlaubniß des Mo=
narchen reisen, was hätte es mich also ge=
nutzt, die Erlaubniß vom Orden zu begeh=
ren?

*) Die Beylager sind alle in dem Brix=
nerischen Konsistorium.

ren? Um diese zu erhalten, mußte ich mich
an jenen wenden, der mir sie allein geben
konnte, das ist, an meinen Kaiser. Er gab
sie mir, (Beyl. 2.) und ich glaubte berech=
tigt zu seyn, sie nun von keinem unterge=
ordneten Herrn mehr begehren zu müssen, da
mir sie mein höchster Herr gab. Aber was
ich zu thun schuldig war, das hab ich treu=
lich gethan, das ist, ich intimirte es dem
Pater Provinzial und Prior, welcher letzterer
es selbst bezeugt. (Beyl. 3.)

2) Ich hätte das Ordenskleid verän=
dert, und mir den Bart abschneiden lassen. ...

Was das Ordenskleid betrift, hab ich
selbes nicht verändert, sondern den Kaput
darüber angezogen, welches nicht nur alle
Professoren und Feldpater, sondern auch alle
übrige Religiosen, die sich zur Regel des hei=
ligen Augustins mit mir bekennen, zu thun
pflegen. Es ist ja einmal nicht zu fordern,
daß man eine Reise von 60 Meilen zu Was=
ser

ser und zu Land in dem nämlichen Habit
mache, mit welchem man im Zimmer auf
und abgehet. Die welschen Serviten reisen
gar als Weltpriester, und in meiner Provinz
bedienen sich einige der Reisemänteln, oder
auch der Roquelors. Pater Simon Gam=
per reiste auch von Insbruck nach Fronleiten
in einem Kaput, ohne daß er darüber be=
schuldiget wurde; ja ich weis einen Serviten,
ich darf ihn nennen, Pater Sebastian Zün=
nenberg, der gar in einem grünen Pelz vom
Kloster Weissenstein abgereist, ohne daß er
deswegen bey dem P. General, unter dessen
Obsorge damals die Klöster stunden, wäre
angegeben worden.

Was den Bart anbelangt, lies ich ihn
abscheeren, damit ich mit mehrerer Anständig=
keit in Wien erscheinen könnte. Die Absicht
meiner wienerischen Reise war, jenen Herren,
die bey der Studiendirektion sitzen, aufzu=
warten: durch Benutzung der alldasigen Bi=
bliotheken mich in meinem weitauslaufendem
Fach

Fache zu bilden, und endlich mit andern Ge=
lehrten Bekanntschaft zu machen. Mit ei=
nem so langen Bart nun in Wien, bey so
reinlichen Menschen, erscheinen, war wohl nicht
thunlich, besonders da man mich auf der gan=
zen Reise für einen Juden ansah, und in
Wien, wo so viele Juden sind, das nämliche
zu befürchten hatte. Die bey der Studien=
direktion sitzen, besonders der verehrungswür=
digste Prälat Rautenstrauch, billigte diesen
Abschnitt, besonders da ich ihnen betheuerte,
daß mir der Bart so viele Hinderniß mache,
sowohl im Gehen in die Universität, die
schier eine Viertel Stund von dem Kloster
entlegen, und hauptsächlich in dem Vortrag
meiner Vorlesungen. Nichts zu melden von
dem öffentlichen Gelächter und Vorwurfe,
den ich von Professoren, Studenten und
andern Aufgeklärten erdulden mußte. Und
in der That ist es bey jetziger Zeit ein lä=
cherliches Spektakel, einen öffentlichen Lehrer
mit vielen Studenten umgeben, auf der
Straßen täglich sehen, wie er bey wehendem
Wind

Wind (und wenn weht doch der Wind in
Insbruck nicht?) mit einer Hand den Bart
zusammen hält, und mit der andern Hand
den langen Habit, damit er wenigstens auf
einer Seite nicht kothig werde, aufhebt. Der
berühmte Professor Schlözer, als ich ihm sag=
te, daß ich zween Jahr hindurch in diesem
Aufzug in die Universität gegangen, schlug
die Hände zusammen, und erstummte. ...
Euer Hochfürstl. Gnaden werden selbst als
ein einsichtsvoller Herr die Unanständigkeit ei=
nes solchen Betragens einsehen .... Die An=
ständigkeit demnach bewog mich zu solchem
Schritt; die Universität, deren Mitglied zu
seyn ich die Ehre habe, trieb mich dazu an:
unser Institut bringt es nicht mit sich; denn
die wälschen Serviten tragen keine Bärte:
unsere Ordensregel gebietet es nicht, ja mel=
det kein Wort davon: die Ordenssatzungen,
die den Bart vorschreiben, verbinden unter
keiner Sünde, und unerachtet dieser Satzun=
gen, machte ich, verzeihe mirs Gott, Profes=
sion, ohne Bart, und durfte denselben drey
ganzer

ganzer Jahr hindurch, ob ich schon selbst wollte, nicht tragen. Ich sehe demnach gar nicht ein, warum man mir jetzt das zur Last leget, was ehemals, da ich Frater war, nicht geahndet wurde. Der Profeſſor des Gymnaſiums, P. Boromäus Berger, mit noch etlichen andern Ordensbrüdern, laſſen ſich ebenfalls das ganze Jahr hindurch raſiren. (Beyl. 4.) Warum ſoll mir jenes wegen meinem Amt nicht erlaubt ſeyn, was dem Profeſſor des Gymnaſiums, und andern Ordensbrüdern, die im Schatten der Kloſtermauren ruhig ſitzen, erlaubt iſt? Die Satzungen ſind zu jener Zeit gemacht worden, in welcher unſer Orden in Deutſchland keinen Profeſſor hatte, und auch keine Hoffnung, einen zu bekommen; da nämlich die Jeſuiten alle Katheder, wie der berühmte Peter Tamburin ſagt, mit ihrer *Scientia medi.*, anſteckten, oder wie der noch berühmtere Arnald ſpricht, die ganze Welt damit bethörten. Es iſt demnach kein Wunder, daß die Satzungen, ob ſie ſchon allen Ordensämtern, beſonders den Hauslektoren

ren und Predigern manchen Favor anschaf-
fen, von einem öffentlichen Lehrer schweigen.
Wäre dazumal, als die Satzungen aufgesetzt
worden, ein Professor in dem Kloster gewe-
sen, würde er gewiß auch einen tröstlichen
Paragraph bekommen haben. Ich verdenke
es also meinen Ordensobern nicht, daß sie
sich in dieses Wesen nicht zu fügen wissen.
Wir haben im ganzen Orden keinen, der
diese schwere Bürde getragen, und das Gewicht derselben gefühlt hätte: unser Thun
war bisher immer unsere neuangehende geistliche Schüler mit Jesuitenquark anzusto-
pfen: die Kirchengeschichte war bey uns ein
unbekanntes Gut, und wurde als ein Werk
langsamer Köpfe nichts geachtet. Aber Glück
für mich, daß ich mit so einem gelehrten Bischof zu thun habe, der weit besser als ich
selbst deutlich einsieht, was das sagen will,
eine ganze Kirchengeschichte, ein so weit aus-
laufendes Fach, in einem Jahr auf einem
öffentlichen Katheter vortragen .... ich über-
schicke zu diesem Ende zur gnädigsten Einsicht: Erst-

Erſtlich, den hiſtoriſchen Plan der erſten
Epoche, der mir vom Hof anbefohlen iſt, und
nach dieſer Vorſchrift müſſen alle übrige Epo=
chen bis auf gegenwärtige Zeiten behandelt
werden.

Zweytens, meine erſte Vorleſung, die
ich der Urſach halben zum Druck befördert;
und auf dieſe Art muß ich über 500 Vorle=
ſungen halten, ... neben dieſem ſo viele
Kollegien mit etwa dreyſſig Studenten, ...
ſo viele Briefwechſel mit andern Gelehrten ...
faſt eine ganze Stunde täglich in die Univerſität
hin und hergehen, und ſo viel Ungemach von dem
abſcheulichſten Wetter, Regen, Wind, Schnee,
Hitze und Kälte ertragen .... wobey ich
Euer Hochfürſtl. Gnaden gnädigſt zu erwä=
gen bitte, daß, wenn ich bey ſo einem be=
ſchwerlichen Amte auch das Gewicht der Or=
denszeremonien mittragen müßte, ich nicht
nur der unglückſeligſte Menſch, ſondern auch
gänzlich auſſer Stand wäre, das vom Hof
mir aufgetragene Amt, beſonders in dem er=

C   ſten

sten Jahre deffelben, zu verfehen. Doch betheure ich Euer Hochfürftl. Gnaden, daß, wenn ich nicht die allerhöchfte Gnade hätte, im Dienft unfers allergnädigften Monarchen zu feyn, und mir der Bart kein Hinderniß in meinem Amt gemacht hätte, fo würde ich gleich jenen Ordensbrüdern, die Bärte tragen, felben auch behalten haben. Leid ift mir über leid, daß ich mich nicht eher zu meinem verehrungswürdigften Bifchof gewendet; allein ich wollte fo einem befchäftigten Herrn, der die Sorge eines fo ausgedehnten Kirchenfprengels trägt, wegen einem äufferlichen nichtsbedeutenden Zeremoniel nicht überläftig feyn, befonders da mir deswegen weder von dem Pater Provinzial, noch von meinem P. Prior Guilielmus Roffi die geringfte Ahndung zu gekommen. Ich wollte mir vielmehr die hohe Gnade eines Fürft Bifchofs zu etwas beträchtlicherem vorbehalten haben; und zu dem, wer weis, ob nicht meine Ordensobere mir eine neue Neckerey gemacht hätten, wenn ich zu meinem gnädigften Fürft Bifchof mich gewendet hätte,

wider

wider den Verbot unſerer Satzung, die alſo
lautet: Ordo appellationis elt ſequens , a Pro-
vinciali ad Generalem, a Generali ad Protec-
torem Ordinis, ab hoc ad ipſum Papam: quodſi
quis ad alios, quicunque demum illi ſint, ap-
pellaverit, ſit ipſo facto excommunicatus, a
qua excommunicatione abſolvi non poſſit, niſi
a ſummo Pontifice. Es würden zwar meine
Leute, nachdem der Monarch die Ordensgeiſt-
liche dem rechtmäſſigen Hirten unterworfen
hat, mit dieſer Satzung nicht gar weit aus-
gelangt ſeyn: allein, einem einzeln und ehehin
verhaßten Religioſen iſt bald eine Neckerey
gemacht, beſonders von den Obern, denen
man ohnehin 10 pro Cento zum voraus giebt.
Und endlich, damit ich auch die Kirchengeſchichte, die mir ſo viel Arbeit macht, zu
meinem Vortheil benutze, welch ein Laſter,
eben das zu thun, was ſo viele Kirchenſynode
anbefohlen. Schon zur Zeit des heiligen Auguſtin wurden die Geiſtlichen raſirt, auf Befehl des vierten Kirchenraths zu Karthago
Can. 24. und Auguſtin ſelbſt ſchrieb gar
nicht rühmlich von den Bärtel, da er

Serm.

Serm. 6. de diverf. c. 7. ſchreibt: Barbae, quis
uſus, niſi ſola eſt pulchritudo? quare Deus barbam creavit in homine? ſpeciem video, uſum
non quaero. In der ſpaniſchen Kirche wurden ſchon im Jahr 1324 durch den Toleta-
niſchen Synod die Bärte abgeſchaft, und Gre-
gor der Siebente, Römiſcher Pabſt, ſtrafte
ſo gar die Prieſter, welche ſelben zu tragen
ſich unterſtunden, ſein Brief an Orzokus iſt
noch vorhanden, in welchem er alſo ſchreibt:
Moleſte non accipias, quod Archiepiſcopum ve-
ſtrum Iacobum barbam radere coegerimus, mo-
re Romanae Eccleſiae in toto Occidente a
Chriſtianae Religionis primordiis ſervato. Prae-
cipimus tibi, ut omnes poteſtatis tuae Clericos
ad radendam barbam compellas, res vero parere
renuentium publices, et aerario. Calaritanae Eccleſiae tradas. Wenn die P. P. Serviten
wegen ihrem Bart der Calaritaniſchen Kirche
oder den Normalſchulen eine gewiſſe Taxe er-
legen müßten, würden ſie mir danken, daß
ich durch mein Beyſpiel ihnen einen Finger-
zeig gegeben, wie ſie ſich von dieſer Tax
könnten losmachen. Eher hätte ich mir den
Tod träumen laſſen, als daß ein Exkrement
der

der Natur, welches von so vielen Kirchen=
synoden abgeschaft worden, nochmals zu einer
Religionsübung erwachsen könnte. Wenn
Euer Hochfürstl. Gnaden nicht grauslich wä=
ren, könnte ich noch zum Ueberfluß hinschrei=
ben, daß ich schon zweymal Läuse im Bart
gehabt, welches nicht viel appetitlicher ist, als
Läuse im Pelz tragen.

Viertens endlich, ich hätte mich mehr
andern niederträchtigen Ausschweifungen über=
lassen. .... Was dies für Ausschweifungen
sind, haben meine Ankläger nicht auszudrü=
cken beliebt, und mithin mir erstens, die
Vertheidigung wider selbe benommen, zwey=
tens aber haben sie mir das Recht einbe=
raumt, sie deswegen so lange für Verläum=
der zu erklären, bis sie diese Ausschweifun=
gen spezifizirt und bewiesen haben werden.
Drittens (was ich zwar vermög meiner
rechtschaffenen Denkungsart nie würde gesagt
haben, wenn man mich nicht zur Vertheidi=
gung aufgefodert hätte) ist es eine Lieblings=

fünde

fünde der Mönche, dergleichen criminationes
vagas wider einen verhaßten Mitbruder aus=
zustreuen, und es ist dies die grausamste Art
der Verläumdung, wenn man sagt: lieber
Gott, lieber Gott, das ist ein Mensch! ...
wir haben wohl viel Kreuz damit: er hat
nicht viel Religion, wir beten freylich für
ihn, Gott wird uns schon erhören .... so
gar der theureste Monarch und die rechtschaf=
fensten Bischöfe, wahre Kleinodien unsers
Priesterthums, entgehen nicht so mönchischen
Reden.

Euer Hochfürstl. Gnaden ersehen aus
dieser Schrift, daß meine Ankläger ohne Ue=
berlegung mich angegeben haben; allein die
Wahrheit meiner Worte, die Gründe meiner
Beweisthümer, die Rechtschaffenheit meines
Herzens, die aus den Beylagen erhellt, und
besonders die Weisheit und Bescheidenheit ei=
nes so erhabenen Fürst Bischofs werden mich
schützen, der ich mich sammt dem ganzen Or=
den zu hohen Gnaden empfehlend, ersterbe.

N. S.

N. S. Euer Hochfürstl. Gnaden werden diese Schrift, nicht als eine Klagschrift, sondern nur als eine Vertheidigungsschrift, zu welcher ich aufgefordert worden, ansehen; denn der ganze Himmel, und mein ganzes Gewissen geben mir Zeugniß, daß ich niemals eine Klagschrift wider den Orden eingegeben.

Euer Hochfürstl. Gnaden

unterthänig = gehorsamster Diener,

P. Karl Güntherod,

Servit, und öffentlicher Lehrer der Kirchengeschichte auf der k. k. hohen Schule zu Insbruck.

Auf

Auf diese Verantwortung erfolgte ein anderes bischöfliches Dekret, nämlich dieses:

Decretum an Pater Karl Güntherod, Ord. Serv. B. Virg. Mariae, öffentlichen Lehrer auf der k. k. Universität zu Insbruck.

Joseph von Gottes Gnaden Bischof, und des H. R. Reichs Fürst zu Brixen ꝛc. ꝛc.

Wir haben die von dem Pater Karl Güntherod, Ord. Serv. E. V. M. öffentlichen Lehrer auf der k. k. Universität zu Insbruck, Uns einbeförderte Rechtfertigung seines vermeynenden unausstelligen Betragens zur genauesten Einsicht genommen.

Wenn Wir hierüber den Pater Karl Güntherod nur allein in der Eigenschaft eines

nes

nes öffentlichen Lehrers auf der k. k. Universität zu betrachten hätten: so würde dessen Uns eingereichte Vorstellung Unser wider Denselben gefaßtes billiges Mißfallen allerdings abgewendet, und Uns von allen weitern unbeliebigen Erinnerungen entübriget haben.

Da Wir aber zugleich den erdeuten Pater Karl Güntherod, als einen feyerlich verlobten Ordensmann ansehen, und in diesem Betrachte den Professor von dem Ordensmanne nicht absondern können, sondern Denselben zu ununterbrüchlicher Beobachtung seiner abgeschworenen Gelübden und Ordenssatzungen von Ordinariatswegen um so mehr anzuhalten, Uns verpflichtet sehen, als Uns von einer rechtmässig erhaltenen Lossprechung seiner Ordensgelübden nicht das mindeste bekannt ist: So können Wir nicht bergen, daß Wir dessen Uns vorgelegte Bewegursachen zu seiner Entäusserung von den Ordenssatzungen zum Theil ungegründet, zum Theil aber zu

seiner

seiner Sache nicht passend befunden haben;
welche so mit anstatt Uns vollkommen zu be-
ruhigen Uns den gerechtesten Schmerzen, den
Wir über seine Ausartung von dem Kloster-
geiste empfunden, noch mehr vergrössert haben.

Wir ermahnen und bitten demnach öfters
gedachten Pater Karl Güntherod aus voller
Liebe, so Wir zu ihm tragen, daß selber die
Sicherstellung seines geistlichen Berufs sich immer zum ersten und wichtigsten Geschäft machen, anbey das rühmliche Beyspiel anderer Ordensgeistlichen, als würdige Mitglieder der k. k.
Universität sich zum Muster vorstellen, und
überhaupt jene von Uns unterm 22. Nov.
abgewichenen Jahres ihm wohlmeynend zuge-
fertigte Erinnerungen stets als solche Warnun-
gen betrachten solle, welche Gott durch Uns
ihm verkündiget hat. Und Wir hoffen zuver-
sichtlich, es werde Derselbe seine wahre Grösse
in der Ueberwindung seiner selbsten, und seinen
Ruhm in gleichförmiger Beobachtung der Ordenssatzungen sowohl in innerlichen als äusserli-
chen

chen, und in schuldiger Ausübung seiner geist=
lichen Pflichten zu suchen von selbst den ge=
flissensten Bedacht nehmen. -Decretum in Un=
serer fürstlichen Residenzstadt Brixen den 14.
Hornung 1782.

Joseph, Bischof.

Ad Mandatum Celsmi,
et Redmi Dni Dni Epp.
et S. R. I. Principis Bri-
xinensis, pprium.

Johann Baptist Pirchstaller,
Sekret.

Nie=

Niemand war froher als der Professor
Günderode, da er dieses Dekret las. Er wurde ermahnt und gebeten, die Sicherstellung
seines geistlichen Berufes zum ersten Ge-
schäfte zu machen, anbey auch das rühmliche Beyspiel anderer Ordensgeistlichen,
als würdige Mitglieder der k. k. Universität sich zum Muster vorzustellen. Da
also die Sicherstellung des geistlichen Berufes
nicht im Bart bestehet, und die übrigen Mitglieder der Universität, welche ihm als Muster
vorgelegt wurden, keinen Bart tragen, glaubte
er von dieser ganzen Pflicht barmherziglich dis-
pensirt zu seyn. Allein er betrog sich. Das
bischöfliche Konsistorium ließ diese wichtige Kla-
ge nach Hof gehen, von welchem am 17. Hornung 1783 folgende Entscheidung geschehen:
daß dem Professor Güntherode als einem
öffentlichen Lehrer die Ablegung des Ser-
vitenbarts und die Tragung eines brau-
nen Ueberrocks um so mehr zu erlauben
wäre, als selbst derley Trachtabänderun-
gen so gar den Kapuzinern, wenn sie zu
Feld-

Feldkapläncn gebraucht werden, nachgese=
hen, und gestattet werden, auch die Ser=
viten selbst in Italien keine Bärte tragen.
Dieses k. k. Dofdekret ist ihm von dem Ins=
bruckischen Gubernium am 29. März zuge=
geschickt worden.

Der geneigte Leser ersiehet aus dieser
Schrift die Wahrheit des obenangeführten Spru=
ches: modica saepe scintilla magnum excitavit
incendium.

www.ingramcontent.com/pod-product-compliance
Lightning Source LLC
Chambersburg PA
CBHW032123080426
42733CB00008B/1042